KB212299

# 삶과 기도

이용호 지음

하나님의 사람을 **엘맨**
만들어 가는 ELMAN

# 삶과 기도

| | |
|---|---|
| 1쇄 | 2024년 3월 28일 |
| 지은이 | 이용호 |
| 펴낸이 | 이규종 |
| 펴낸곳 | 엘맨출판사 |
| 등록번호 | 제13-1562호(1985.10.29.) |
| 등록된곳 | 서울시 마포구 토정로 222 |
| | 한국출판콘텐츠센터 422-3 |
| 전화 | (02) 323-4060, 6401-7004 |
| 팩스 | (02) 323-6416 |
| 이메일 | elman1985@hanmail.net |
| | www.elman.kr |

ISBN    978-89-5515-757-4  03230

이 책에 대한 무단 전재 및 복제를 금합니다.
잘못된 책은 구입하신 서점에서 바꿔드립니다.

값 12,000 원

# 삶과 기도

이용호 지음

하나님의 사람을 만들어 가는 **엘맨**
ELMAN

# 차례

# 서문

때로는 뜨거운 언어가 가슴을 뜨겁게 하였다.

가슴에 묻어 둘수만 없을 때는 여기 적곤 하였다.

삶이 아플 때 그리움이 넘칠 때 묻어두고 살아가는 우리의 삶은 고독하다.

때로는 지워져가는 기억의 저편에 있던 여인이 웃으며 가슴을 채울 때는 행복하였다.

또한 지금은 어디에 있는지도 모르는 지난 날의 따뜻했던 이웃이 따뜻한 체온으로 다가와 기쁘게도 하였다. 유한한 삶속에서 이토록 행복한 시간들이 많을 수 없기에 사랑의 지킴의 노력으로 가슴에만 묻어둘 수 없어 떠오르는 상념들과 함께 쓰곤 하였다.

그들이 오늘도 어디에 있던 웃음이 함께 하는 행복한 삶이었으면 하는 기도와 함께이다.

우리의 삶은 미움이 다툼이 상처를 준다.

그러나 이것들을 이기는 삶이 있다. 기도하는 삶이다.

날마다의 삶이 주님안에서 기도하는 사랑의 삶이었으면 한다.

# 나를 지키는 기도

강한 맹수일수록 자기를 지키는 힘이 강하거늘

이제는 인간의 보호 없이는 생존의 능력까지도 상실해 버렸다.

또한 악한 자의 탐욕이 승할 듯 하여도 결과는 반대인 경우가 허다하다.

삶은 자기 힘만으로 자기 뜻대로만 사는 것이 아님의 표증이다.

탐욕은 끝없는 소유에 대한 집착이 자기 본능이다.

그러나 사랑은 아니다.

자꾸 주고 싶은 것이 사랑의 본능이다.

소유의 양도 탐욕의 자리에 더할 것 같아도 자꾸 주는 사랑의 자리에는 넘치는대도 탐욕의 자리에는 그렇지 못한 경우가 허다하다.

성경은 이 원리의 비밀을 이렇게 밝히고 있다.

"주라 그리하면 너희에게 줄 것이니 곧 후히 되어 누르고 흔들어 넘치도록 하여 너희에게 안겨 주리라"(눅 6:38)

탐욕은 이웃에 대한 베품을 빼앗기는 것으로 착각한다.

그러나 사랑의 생각은 다르다.

이웃의 터에 씨를 뿌린 것이다.

그러기에 또 거둠의 기쁨을 누리게 된다 여긴다.
서로의 삶이 이웃의 씨뿌림의 터가 되어주는 삶
놀라운 삶의 비밀이다.
주님은 우리에게 이 지혜의 삶을 요구한다.
그러나 탐욕은 이 지혜의 삶을 거부한다.
그러나 주님 안에서 기도가 멈추지 않는 삶은
우리로 하여금 이 지혜의 삶을 누리게 한다.
그러므로 기도는 내가 살아있음의 확인이다.
형제여 이 위대한 삶을 누리자.

# 위대한 진리

내가 말했다
거짓말 같은
사실은

예수가
우리를 위해
죽었다고

웃으며
돌아서던 그가

어느날
울면서 말했다
친구 고마워

# 영원한 자유

자유와 함께
삶을 누리며
나르고 싶음은
삶의 본능이다

그러나 죄의 짐은
우리의 소망을
허락지 않는다

기도와 땀
눈물로 이기자

죄가 없는 곳
사랑의 나라
천국이 우리앞에 있음이여

# 인간의 존귀함

인간의
존귀함은
어디까지일까

인간은
기도하는
존재이다

# 천국의 생명록

어느 날
세상의 염려에
힘겨워 하는데

주님께서
말씀하셨다

이놈아
너의 이름이
천국의 생명록에
적혀있음을 잊지 말라

　내가 나를 지킴의 최상의 삶은 주님께 맡기는 삶임을 깨닫기
까지는 힘이 들었다. 마치 의지의 포기인 무기력한 삶인 듯 하
여도 나를 버리는 용기가 아니고는 힘든 일이었다.
　나는 오늘도 하루의 시작부터가 주님께 맡기는 삶임을 고백
한다.
　고난이 우리에게 주는 도움을 다 설명하기는 어렵다.
　우리는 고난을 통하여 이기는 힘도 지혜도 배운다.

숨어서 하는 일을 보는 자가 있다.

나자신이요 하나님 이시다. 주님이 보고계심을 믿음을 넘어 체험을 통해서도 알게 되면 불의에 자신을 방치하는 우를 범하지 않는다.

때로는 자신의 허물에 대한 양심의 책망이 타인이 주는 질책보다 더 아플 때가 있다.,

말이 지닌 힘을 가볍게 여기는 자는 그 언행이 심히 가볍다. 말은 말마다에 지닌 힘이 있음을 몰라서이다.

사랑은 지혜와 병행할 때 그 사랑은 더욱 빛난다.

# 꿈이 주는 힘

　살아가는 데는 여러 모양에 힘의 도움이 함께 한다.

　부부의 힘이 가족의 힘이 다양한 힘들이다.

　그리고 우리가 살아가는데는 그 무엇과도 비교할 수 없는 꿈이 주는 힘이 있다. 꿈은 무형의 존재인 듯 하여도 미래에 드러난 실존하는 힘이다.

　우리를 이끌어주는 힘 중 이보다 큰 힘은 없다.

　허다한 고난도 이기는 힘을 준다.

　그리고 때로는 고독의 심연에서도 나를 지켜준다.

　놀라운 힘이다. 그러기에 어찌 보면 꿈만큼 소중한 자산도 없다. 위대한 이룸 안에는 항상 위대한 꿈이 있었음을 본다.

　가벼운 자랑쯤을 꿈이라 여기고 땀을 쏟는 삶, 한번뿐인 삶이 요구하는 꿈의 무게에는 미치지 못한다.

　그 꿈이 이루어졌을 때 이웃도 함께 기뻐할 수 있는 꿈, 이는 우리가 소망하는 꿈 중의 하나이다.

# 삶과 꿈

꿈이 없는 날은
슬펐다

나의 마음을
아셔서 였을까

어느날 주님께서
나의 가슴에
꿈을 심은 날은
놀랍고 뜨거웠다

그날의 감격
잊을 수 없다

한 편의 시가 평생을 두고 감동을 주기도 한다.
악한 상처가 주는 아픔도 같을 수 있다.

선택의 기로에 있을 때 힘들지 않을 수 없다.
그러나 기도는 옳은 선택을 허락한다.

자기 이익에만 몰두하는 자는 작은 일에도 화를 낸다.

자신의 행위마다 합리화 하려는 자는 스스로의 올무에 얽매이게 된다.

나는 어디로 가고 있는가?
이 의문에 답을 얻은 자는 행복한 자 이다.

동서고금의 인재들이 남긴 말이 다 옳은 것은 아니다.

# 이웃과 사랑

피같이 진한 말로 이웃을 아프게 하고도 웃는 자가 있다.

이웃은 상처를 않고 괴로워 하는 데도-두려움을 몰라서 일까 무지해서 일까?

그러나 그가 그토록 아프게 심은 것을 다시 거둘 때에는 보다 힘들고 아프게 거두는 것이 삶의 모습임을 본다.

내가 심은 것은 또 내가 거두는 것이 삶이기 때문이다.

때로는 이웃이 울면서 다가옴을 우리로 하여금 이웃에게 사랑을 베풀 수 있는 사랑의 기회를 주시는 주님의 뜻일 수도 있다. 그러나 그 사랑의 기회를 피곤한 짐 쯤으로 여기는 삶을 두고 주님께서 기뻐하실까?

성경은 말씀하신다. 때로는 원수도 주리거든 먹이라고 그리고 친구를 위하여 목숨까지도 버릴 수 있는 사랑의 지고함을 두시고 칭찬하고 계신다.

평범한 삶속에서는 있기 힘든 사랑이기 때문이다.

철부지 아이가 손에든 빵을 쪼개며 옆에 있는 아이에게 주는 것을 보았다. 지극히 평범해 보이는 이 모습에서 다가오는 것이 있었다. 이 아이는 벌써부터 이웃을 사랑하는 삶을 살고 있다는 생각에서였다.,

그날은 왠지 행복한 하루였다.

# 소망의 나라

돈을 주고
갈 수 있는 곳이라면

나의 땀으로
갈 수 있는 곳이라면

그곳을
소망의 나라라 할 수 없다

주님의 사랑 아니고는
갈 수 없는 나라

내가 가야할
나라이다

삶은 누구없이 소중하거늘 유희인줄 착각하는 자도 있다.
어느날 누구도 피해 갈 수 없는 하나님 앞에서야 하거늘….
그날의 웃음을 위하여 하나뿐인 생명을 바치는 자도 있다.
오늘 하루도 삶의 시작이 기도이어야 함의 이유이다.

# 꿈이 없는 삶

꿈이 없는 삶을 누리다
슬피운다
때로는 이웃이 형제가
피같은
권면을 하였건만

끝없는
자고에 취해
누리는 삶

땀이 없는
세월만 누리다
끝나는 삶

나를 버리는
자학이다

물질의 풍요가 화려한 삶인양 착각하기도 한다.
위대한 삶은 꿈과 함께 하는 땀의 노력이다.

자유의 개념을 약한자 위에서 누리는 강자의 누림쯤으로 생각하는 자도 있다.

자유는 보다 아름답고 위대한 모습이다.

내가 필요하니 타인에게도 필요하다는 생각은 잘못이다.
각자에게 주어진 일의 몫이 다르기 때문이다.

삶의 여정에서 주님께서 사랑으로 주신 아픔을 값으로 따질 수 있을까? 그러나 그 아픔의 깊이를 외면하기도 한다.

자기 자랑에 취한 삶은 어느날 자기 혼자 뿐임을 본다.

침묵이 많은 말보다 힘을 얻을 때가 허다하다.

# 나를 지키는 힘

삶속에서 한번쯤은 혁명에 가까운 용기로

나 자신을 버리는 아픔에 가까운 용기의 삶이 필요할 때가 있다.

그것은 내 소유의 일부를 버리는 고통일 수도 있고, 삶의 수단의 일부일수도, 인간과의 관계일 수도 있다.

그러나 많은 사람들이 용기의 부족으로 그 기회를 놓치곤 한다.

그러나 아픔을 감수하고라도 그 용기 앞에서는 건강한 삶을 보기도 한다.

때로는 때묻은 삶의 수단이 괴롭히기도 한다.

스스로의 판단에도 잘못 되엇음을 인지하면서 까지도 용기의 부족으로 그 허물에서 자유하지 못하고 삶에 때를 묻는다. 또한 부정한 방법으로 소유에 탐하다 보면 그 악순환의 고리에서 벗어나지 못하고 그 때묻은 모습으로 삶을 마치기도 한다. 그러나 용기있는 삶은 다르다.

때로는 피를 흘리면서까지 그 용기 앞에 선다.

건강한 나를 지키기 위하여 나를 도적질하는 삶의 적과의 동거를 거부하는 용기있는 삶은 누구에게나 주어진 축복이 아니다.

이 축복은 용기있는 자의 몫이다.

# 주님의 사랑

삶의 아픔속에는
울음도 허락지 않는
아픔이 있다

그 아픔 없이는
지울 수 없는
죄때문인지도 모른다

그러나
그 아픔도 이길 힘을 주신
주님의 사랑은 몰랐다

# 위대한 언어

평범한 삶이
위대한 말을
할 수 없다

그러므로
위대한 말은
누구나 할 수 없다

위대한 말은
위대한 삶의
땀이기 때문이다

# 나의 기도

진실 앞에서
자신을 지키지
못하는 삶은
용기있는 자들을
슬프게 한다

그러나 고난속에서도
자기를 지키는
용기있는 삶은
만인의 가슴에도
꿈을 심어 준다

주여!
나로 하여금
진리 안에서
나를 지키게 하소서

# 주님께 맡기는 삶

삶이 용서보다
위대한 삶도 있다
주님께 맡기는 삶이다

삶은 합력하여
이루어간다

그러기에
악한 자의 훼방이
때로는 도움이 되기도 한다
삶의 오묘함이다

그러므로
힘들어도 인내하며
주님께 맡기는 삶
이기는 삶의 최상이다

# 이웃의 아픔

땀 만으로는
이길수 없었다

삶의 무게가
무거워서 였다

그러기에 때로는
이웃의 손짓에도
울기만 하였다
도울 힘이 없어서 였다

주님!
그들의 아픔에도
열매주소서

# 동백꽃

화려하지도 않고
그러나 꽃중에는
제일 예쁜 꽃

삼동의
눈을 안고도
네 모습을 잃지 않는 너

눈물겹도록
사랑하지 않을 수 없는
너 동백이여

너는 누구의 혼이기에

# 여인의 눈물

머리 풀고 울며
동구 밖을 떠나던 여인

사랑도 눈물이 되어
한으로 쏟던
여인의 슬픔
지금은 어디서 일까

십년의 부부가
자식이 없다하여
버림받은 여인의 눈물
잊을수 없네

# 울음과 웃음


힘이 들어
어느날 울다 말고
주님께
물었습니다

주님!
왜 저는 울기만
해야 합니까

너의 남은 날을
웃게 하려는
나의
사랑이니라

# 삶

꽃이 피기 까지
아픔이 없는
꽃은 없다

삶이여
눈물 갇았어도
때로는
웃음이 있었거늘

눈물이여
너 또한
버릴수 없는
나의 삶이였네

# 날마다의 삶이

버려야 할 것을
버리지 못하고
힘들어 하지 않게 하소서

버려야 할 것은
버릴줄 아는
지혜와 용기
허락하소서

그리고
날마다의 삶이

가벼운
행보이게 하소서

삶이 흐르는 물처럼 깊은 곳은 채워가며
살기란 어렵다.

때로는 건너뛰고 보고도 못본체 들었어도 못들은척 하며 살
아가기도 한다.

오늘은 왠지 울고 싶은데 무엇 때문일까?

그런데 왜일까 시간의 저편으로 지워져 가던 여인이

가슴에 다가와 지워지지 않는다.

삶은 이렇게 비워 있고 채워지지 않는 외롬 때문에 외롭고 슬
플 때가 있다.

그러나 삶마다 나의 땀만으로는 채울 수 없는 곳이 있기 마
련이다.

그러나 내일이라는 소망이 있기에 가버린 날의 아픔도 이기
며 살아간다.

# 그리움

내
소년의 가슴에
새기고 간
네 얼굴이
오늘도 웃어라

긴 날의 그리움
눈물처럼인데

여인아
나이제
팔십의 고개에서
흰머리이고

지워지지 않는
네 모습을 안고
울어라

# 고독

군중 속에서도
나는 혼자여서
고독하였다

숙명처럼
누릴 수밖에 없었지만
슬펐다

어느날
고독이 말하였다
내가
당신을 지켰답니다

때로는
아픈 땀이
나를 지켰음을 감사한다

# 주님의 사랑

산허리 하나
넘은듯인데

나 어느새
늙었어라

꿈을 안고
울던 땀이여

아들아
힘들었제

나의 땀인줄
이었어도

주님의
사랑이었네

# 사랑과 아픔

나를 지키노라 울었다
삶이 슬펐다

때로는
주님이
나를 버린줄 알았다

그러나
그 아픔들도 사랑이심을
깨달은 날도 울었다

그리고
아픔과 함께 하는
주님의 사랑은

삶의 깊은 곳을
보게 하였다

# 사랑의 집

산은 푸르고
강도 있는 곳

노루도 있고
꿩도 있는 곳

그곳에
집을 지었으면 해라

울고 왔다가도
웃고 가는 곳

사랑의 집을
지었으면 해라

# 고독

다 떠나버린
리에서
공허 하였습니다

주님께
물었습니다
왜 이냐고

너는
내가 있지 않느냐

그래도 한하고
나를 지킴은
힘이 들었습니다

그리고 그 아픔도
사랑이심을
깨닫기까지는
먼훗날 이었습니다

# 고난이 주는 교훈

고난이
없는 삶은
감격을 모른다

성경은 놀라운
사실을 밝히고 있다

현재의 고난은
장차 우리에게 나타날
영광과 족히
비교할 수 없다고

# 인내

인내는 잔마다
그 분량이 다르다

그가 지닌
아픔 때문이다

그러나 그 아픔이
사랑이었음을
깨닫기 까지는
또 긴날의
아픔이 있다

주님의
사랑이시다


자기를 사랑할줄 모르는 자가 사랑을 말함은 우수운 일이다.

교만 만큼 우리에게 다가오는 축복을 가로막는 적도 없다.

겸손한 자에게 삶의 깊은 곳도 볼 수 있는 지혜를 주신다.

꿈이 땀과 눈물을 먹으며 성장할 때 인내도 더불어 우리에게 새로운 힘을 공급한다.

질곡의 밤을 안고 울어 보지 않고는 자유안에서 누리는 자유의 환희를 모른다.

많은 자들이 행복도 불행도 내입의 말에서 부터의 시작임을 믿으려 하지 않는다.

품위있는 언어는 나의 모습도 다듬어 준다.

# 삶과 지혜

자기 주장에만 몰입하는 삶도 있다.

이는 타인의 삶을 통해 삶의 지혜를 배우려는 삶과는 전혀 다른 모습의 삶이다.

어찌 보면 두렵고 떨리는 삶이다.

자기만의 독선 자기만의 아집 사회를 힘들게 하는 무서운 암이다.

우리는 삶안에서 한번쯤은 타인의 충고에 귀를 기울이여야 한다.

그안에는 나는 알지 못하는 지혜도 있어서이다.

서로의 사랑의 충고와 권면이 따뜻하게 받아들여지는 삶-그안에는 정이 있어 기쁘다.

때로는 나의 힘만으로는 메꾸어가지 못해 여정의 페인 곳도 이웃의 도움이 있으면 쉽게 메꿔가며, 필요없는 땀을 흘리지 않아도 될 때가 있다.

이와같이 사랑이 함께 하는 삶을 누림은 행복이 아닐 수 없다.

이웃이 꿈을 이룰 때 나의 땀이 도움이 되는 삶-이 얼마나 멋있고 뜻있는 삶인가?

그러기에 사랑은 우리가 삶속에 꿈을 이루는데 자랑이요 힘이다.

# 삶

자유하며
누리던 삶을

때로는
접어야 할때도 있다

삶은
자기 뜻대로 살지 못한다

이는 그 누구의
주장도 아니다

하나님의 말씀이시다
걸음을 인도하시는 분은
하나님 이시라고

# 마귀의 간계

자신은
자신을 학대하며
하나님의 사랑을
요구한다

자학은
삶이 아니다

나를 지은 분에 대한
저주이다

자칫
내뜻인줄
착각하지 말라

마귀의 간계이다

# 새로운 삶

어느 날
삶이 무너졌다

그리고
그 폐허 위에서
나는 혼자였다

그러나
그 아픔은
새로운 시작이었다

주님의
사랑안에서의
삶의 신비이다

# 흘리고 온 삶

때로는
걸음을 멈추고
돌아본다

흘리고 온
허물들이
힘들게 한다

내 의지로는
지울 수 없음이
안타까워

주님앞에
내려놓고
기도한다


아무리 힘든일도 세상의 일은 끝이 있다.
그러나 내가 길이라 하신 주님은 영원하신 분이시다.

사랑은 언어의 유희가 아니다.
그러나 행함이 없는 사랑도 때로는 힘을 발휘한다.
언어가 지닌 힘 때문이다.

상대의 아픔을 위로하고 치료할 수 있는 길은 없을까 하고
생각하기 보다는 우선은 그 자리를 피하고 싶은 생각이 앞서
기도 한다. 그러나 기도는 우리가 바라는 최상의 방법을 가까
운 곳에서 찾게 하신다.

지혜로운 자는 불의한 방법으로 자기에게 주어지는 힘의 행
사를 거부한다. 그것은 자랑이 아닌 수치임을 알아서 이다.

갈등의 결과로 물리적 충돌까지도 불가피할 때 여기서 멈추
는 자를 우리는 약자라 하지 않는다.
용기있고 다듬어진 자아내고는 취하기 힘든 일이기 때문이
다.

# 자유하는 삶

자유는 나의 의무를 다하고 누리는 삶을 의미한다.
나의 의무는 저버린채 누리는 삶은 자유가 아니다.
그 삶은 도둑에 비유해도 잘못되지 않았다.
교통이 혼잡해도 신호에 따라 움직이면
정체가 없이 소통이 자유롭다.
우리의 삶도 이와 조금도 다를바 없다.
때로는 힘들고 버거워도 이 질서 안에서 자기 의무를 다하는
삶은 이웃에 불편을 주지 않고 누릴 수 있다.
자유를 빼앗긴 삶-그것은 삶이 아니다.
나 자신에 대한 스스로의 저주이다. 그러나 탐욕에 이기는 삶
은 이 저주에서 나를 지켜준다.

# 잊고픈 아픔

밟고가며 웃었다
아픔은
한으로 남아 슬픈데도
울지 않았다.

그힘은 어디어셨을까
훗날
주님의
사랑이심을 알았다

그러나
이사랑 깨닫기까지는
긴날의
아픔이었다

훗날 그들에게
왜이었느냐고
묻고 싶었는데

그들이
울면서 가는 길은
더 슬퍼 보였다

# 땀과 열매

웃으며 다가온다
사랑의 모습으로

그 내밈에 속아
손을 잡아준다

웃음안의 가시는
보지 못하고

그리고 울음을
터뜨릴 때는 상처 뿐이다

형제여
기도합시다

땀이 없는 열매는
없음을 알고

# 무한하신 사랑

자학의 늪에서
허우적 거르던 어느날
나의 존귀함이
우주보다 귀함을
깨닫고 울었다

나를 위하여
하나님의 아들이
죽으셨다니

이 일은
미래의 약속도 아니요
이천년전
이루신 일이시다

그리고 또 말씀이시다
나를 믿는 자는
죽어도 살겠고
살아서 믿는 자는
영원히 죽지 않는다고

# 그 어리석음이

동이 트기까지
밤을 안고 울었다

그래도 주님을
원망할 줄은 몰랐다

어느날
주님의 말씀이셨다

이놈아
그 어리석음이
너를 지켰느니라

# 주님도 웃으셨다

삶이 너무 아파
때로는
버리고 싶었다

어느날
너무 아파

주님 뜻대로 하소서
울었다

이놈아
진즉 그럴 것이지

주님도
웃으셨다

# 시가 주는 아픔

땀과
아픔이 없는

단어의
나열만으로는
시가 될수 없다

그래서 나는
시가주는 아픔을
사랑한다

"가도 가도 붉은 황톳길
절뚝거리며 가는길
오늘도 지까다비를 벗으니
발가락이 하나 없어졌다"

어느 문둥이 시인의 시를
읽으며 울던 기억이 새롭다
꿈이 꿈으로 끝나는 경우가 허다하다.

꿈을 심으면 가꾸는 땀도 열매가 있을 때까지 이어야 한다.


꿈을 이루는데는 누구에게나 훼방하는 자도 있다.
그러나 그보다 더 큰 적은 내안의 두려움이다.


자기만큼 자기를 모르는 자도 없다. 그러나 어느날 의외의 순간에 자신의 실상을 보고 놀랄 때가 있다.
하나님이 우리에게 주시는 이 귀한 선물은 우리로 하여금 자신을 비하하거나 자학하지 말라는 경고이다.


동토의 땅에도 봄이 오면 새로이 생명이 약동한다.
그러므로 고난의 때에도 꿈을 버리지 않고 자기를 지키는 귀한 땀이다.


불의한 일에 흘린 땀을 자랑하지 못한다.
그러나 의로운 일에 흘린 땀은 타인에게도 자랑이요 나에게도 자랑이다.

# 함정

먼저는 웃음이다. 그리고 달콤한 언어이다.

그리고 때로는 요구치도 않는 베품도 있다.

먼곳이 아닌 지극히 가까운 곳에서 우리를 노리는 마귀의 무기이다. 그리고 그 위장은 지극히 화려하여 수많은 사람들이 속아 그 위장의 늪에서 헤어나지 못하고 무너진다.

땀이 없는 삶은 노리는 자들에게는 더없는 유혹이 아닐 수 없다.

그러나 꿈을 위해서는 땀을 아끼지 않는 삶에게는 무력한 유혹이다.

땀이 없는 열매도 있다는 허언의 유혹에 걸음을 멈출 만큼의 어리석음에 자기의 의지를 굽힐만큼 어리석지 않기 때문이다.

하나님은 때로는 우리에게 힘겨운 땀을 요구 하시기도 하신다.

그러나 그 요구는 무위한 요구가 아니시다.

그 요구 안에는 미래의 약속도 함께 하신다.

성경은 그 약속을 이렇게 명시하고 있다.

"현재의 고난은 장차 우리에게 나타날 영광과 족히 비교할 수 없다" 라고 그러나 주님은 당신이 사랑하지 않는 자에게는 땀을 요구하지 않는다.

눈물로 삶의 터를 닦고 그 위에 나를 세우는 삶-그리고 나만의 힘이 아닌 주님의 사랑이 함께 하는 삶의 열매는 크다.

# 지혜와 사랑

때로는
지혜의 한마디가
값으로 따질 수 없는
사랑의 무게를
지녔음을 본다

사랑과 지혜의
무한함의
한 단면이다

지혜와 사랑
지혜도 사랑도
그 원천은
하나님 이시다

# 어느 날의 웃음

동이 트던 날
울음 대신
웃었다

긴 날의
아픔이
끝나는 날의 환희

주님!

이놈아
시작이 있으면
끝이 있어야지

# 고독

때로는
삶의 여정을
돌아보며 운다

어느날의 내가
너무 슬퍼서 이다

고아의 삶은
그렇게 슬펐다

또 한해가
저물어 가는데

오늘도
흰머리이고
고독과 운다

# 슬펐던 유년

손등으로 닦았다
옷 소매로 닦았다

그래도 눈물은
멈추지 않았다

고아의 삶은
그렇게 슬펐다

유년의 아픔은
지금도 눈물이 되어

나를
울게 한다

# 인내

삶의 상처 때문에 날마다의 삶이 건강하지 못한 삶도 있다. 한번쯤 울어서 지울 수 있는 상처쯤은 마음의 깊은 곳 까지를 아프게는 하지 않는다.

그러나 시간과 관계없이 마음의 깊은 곳 까지를 아프게 하는 상처는 우리가 살아가는 동안 두고 두고 우리를 괴롭히는 무서운 적이다.

그러나 이 상처를 자신의 힘으로 치유하려다 보면 더 큰 상처를 부를 수도 있다.

그래서 주님은 우리에게 말씀하신다.

그 상처를 준 자에 대한 원수갚는 일을 주님께 맡기라고-주님은 그렇게 우리가 살면서 때로는 받는 상처에 까지도 관심을 두시고 우리를 사랑하신다.

놀라운 사랑이 아닐 수 없다. 그러나 우리가 받은 상처까지도 주님께 맡기며 살기 위해서는 인내가 필요하다.

그 시간은 우리가 정하는 것이 아니고 주님의 소관이기 때문이다.

그러기에 이 삶은 우리가 기도하지 않으면 안되는 삶이다.

"원수수갚는 일을 주님께 맡기오니 인내하는 힘도 주소서" 라고 그러므로 인내하는 삶은 기도 없이는 불가능하다.

# 잊고싶은 시간들

나를 지키노라
울었다

나를 밟으며
웃는 데도

나를 지키노라
인내하였다

침을 뱉으며
웃는데도

서러웠던 시간들
잊고 싶은데
지워지지 않네

# 새로운 나

나의 옛사람이
죽은 자리에서

새로운 내가
호흡한다

성경은
이 간격을 두고
이렇게
말하고 있다

이전 것은 지나갔으니
보라 새것이 되었도다

# 어머니의 젖

이는 생명의 샘이요 사랑의 원천이다.

생명은 이 샘을 통하여 성장하였고 지켜져 왔기 때문이다.

세상에 나와서는 울며 보채다도 품에 안아 물리면 그만이다.

그리고 바램이 채워지면 어느새 잠이다.

누구없이 이 사랑의 누림 안에서 성장 하였다.

하나님이 인간을 사랑하시는 사랑의 모양은 무한하시다

그러나 이 모양의 사랑만큼 아름다운 사랑은 없어 보인다.

아무리 추워도 바람이 불어도 이 사랑의 품안은 사랑의 체온만으로 넘치는 곳이기에 사랑과 관계없는 것들은 함께함이 허락되지 않는 사랑의 샘이다.

때로는 아파도 주리면서도 이곳의 체움에는 당신의 생명보다 앞서는 곳-어머니의 젖이다.

배가 고프면 당연하다는 듯이 운다. 그러면 어머니는 세상의 무슨 힘으로도 이 울음을 이길 힘이 없음을 알아 안아 물린다.

이 세상에는 이보다 더 큰 일이 없기 때문이다.

하나님이 우리에게 주신 사랑의 정점이다.

어머니의 젖-이 세상에 이보다 큰 사랑의 힘은 없다.

# 어머니

어머니
이
이름위에

돌을
놓는 자도 있다

하늘이
있거늘

# 가엾은 나

삼동의 눈보라가
앞을 가리던 날

얼어붙은 땅에
아버지를 묻고 오던날

아버지는 지하에서
숨을 쉴 수 없어
얼마나 힘드실까

철부지
어린날의 내가
슬퍼운다

# 다시 주신 삶

다 지워진
폐허 위에서
나는 혼자였다

살아온 날이
너무 슬퍼 울었다

그러나
잃은 줄이었는데

주님께서
버리신 것을

오 나여!

나 이제 주님께서
새로 주신 길을 가며
웃는다

# 어린애

애가 재롱이다
그래서 예쁘다

애가 운다
그래서 예쁘다

애가 짜증이다
그래서 예쁘다

애들의 모습은
예쁘지 않은 것이 없다

혼탁한 삶 때문에
애들 곁에만 있고 싶다

# 주님의 사랑

아픔 안에서
웃을 수는 없다

그러나
그 아픔이 주는
교훈까지도
외면해 버리면
그 아픔으로 흘린 눈물은
의미가 없어진다

그러나 기도하면
그 아픔의 의미를
깨닫게 하신다

주님의
사랑이시다

# 내가 울던 날

용호야

어느날
주님께서
나를 부르셨다

그리고
말씀하셨다

내가
너를 사랑한다고

# 이웃과 사랑

이웃의 아픔을 허물인양 드러내는 자도 있다.

무섭도록 약한 자의 소행이 아닐 수 없다.

이웃은 내가 힘들 때 가장 먼저 달려오는 사랑의 대상이다.

자기는 삶을 웃음만으로 마치리라 착각하는 것일까?

삶을 마치 유희쯤으로 착각하는 자가 아니고는 범하기 힘든 허물이다.

이웃에게 자랑이 아니면 우리도 함께 힘들어 하는 사회

함께 품어줄 수는 없더라도 지움에 도움이 되어주는 이웃

이는 아픔을 이기는 큰 힘이 아닐 수 없다.

고령의 사회에 들어서다 보니 이같은 소망은 더욱 절실하다.

장신구 하나만 옮기려 해도 젊은이의 도움이 필요한 삶을 누리며 자신의 늙음 앞에 힘겨워하지 않는 자는 없다.

비집고 들어가 내자리에 연연하기 보다는 한발씩 물러서 조금씩 양보하는 삶-늙음의 자리도 메꿔주는 사랑이 아닐 수 없다.

# 남은 여정도

때로는 힘들어 하는
짐을 들어 주며
힘자랑 한 때도 있었다

그날의
사랑의 베품에
스스로 미소하며
웃어보기도 한다

돌아보는 삶
눈물만 같아도
사랑의 웃음도
있었음이여

남은 여정도
사랑이었으면 해라

# 삶

버려진 땅을 밟듯이
나를 밟고 가며
웃었습니다

삶이 힘들고
슬프던 날의
나의 모습입니다

한하고
세월이 간 어느날

그들이
버려진 자의 모습으로
울고 있었습니다

# 고향

사계절
골짜기마다
동백꽃이었습니다

내 유년의
고향입니다

아프게 살아온
유년이지만

고향의
꽃향기는
지금도입니다

삶이 힘들어
땀을 닦아도
너의 향기에 취해
나 웃어라

# 삶과 기도

새벽의 시간
무릎을 꿇는다

내 영혼의
숨을 죽이며

주님의
음성을 듣는다

말씀 끝에
웃으시며

아들아
오늘도 행복할지어다

# 무한하신 사랑

공허한
하늘을 향해 울었다
삶은 무너져 아픈데

길이 없어서 였다

태어나서 처음으로
하나님을 불렀다
하나님 제가
불쌍하지 않습니까

그런데 어느날부터
그날의 기도가
상달 되었음을 알았다

무한하신 사랑
내삶에 날마다 주신
주님의 사랑
다 쓸수 없어 운다

# 회상

향기처럼
신선 하였다
단발머리 소녀

꿈을 꾸듯
웃던 미소
어제인 듯 한데

이제는 늙어
세월의 말미에서
운다

# 지혜

지혜중에는 내가 나를 다스리는 지혜가 있다.

이 지혜는 많은 아픔과 체험속에서 함께 배운 지혜 이기에 더욱 귀하다 하겠다.

그러기에 이 지혜는 삶의 깊은곳 까지를 성찰할 수 있는 힘이 있다.

때로는 조금만 더 인내할 것 하고 아쉬움 속에서 배운 지혜

그리고 때로는 조금 더 줄 것을 하고 후회 안에서 배운 지혜들이기에 이 지혜는 우리의 삶속에서 살아 숨쉬는 생명체들이다.

그러기에 나는 삶속에서 땀으로 얻은 이 지혜의 교훈앞에 겸손하려 애쓴다. 때로는 한 노인의 한마디 속에도 피보다 진한 지혜의 교훈이 있음을 보며 놀래고 그 노인도 삶을 통해 배웠을 그 삶의 지혜 앞에 머리를 숙이곤 한다.

때로는 힘이 들어도 용서와 사랑이 앞서는 삶

이는 어찌보면 나를 지키는 지혜의 삶이기도 하다.

다툼에서 물러설 줄 모르는 삶은 항상 상처 뿐임을 보기 때문이다.

그러기에 수많은 지혜 중에서도 내가 나를 지키는 지혜는 크다 하지 않을 수 없다.

# 나를 지키는 지혜

정이 걸음을
멈추게도 한다

정 때문에
아픈 땀을 흘릴 때도 있다

정 때문에
삶을 버리기도 한다

정을 통해
우리를 움직이는
마귀의 힘은 크다

그러기에
성경은 경고한다

무릇 지킬만한 것보다
네 마음을 지키라
생명의 근원이
이에서 남어나라

# 어리석은 착각

내가
나를 지키는 줄
허둥대던
어느 날

이 놈아
왜 그리
서두느냐

세미한
음성이었습니다

나의 땀만으로는
무위한 것을

그날의 감격을
잊을 수 없다

# 우리를 아프게 하는 모습들

생명의 존귀함을
넘어선
삶의 무게는 없다

이는 곧
나의 존재함의
무게이다

생명을
우습게 여기는 자들이

삶이
유희인양

떠드는 모습은
슬프다

# 그리움

밤 같은 날
당신의 이름 부르며
울었습니다

가슴으로 부른
이름 이기에
메아리는 없었어도

불타는
그리움은
눈물이었습니다

# 고독

술을 마시며
울었다

날마다의 삶이
혼자였다

어느날
고독이 말하였다

내가 당신을
사랑합니다

# 잃고 빼앗긴 줄 이었는데

잃고
빼앗긴 줄 이었는데

어느 날
알았습니다

주님께서
버리신 줄을

그리고
주님의 허락 없이는

우리의 머리털 하나도
손댈 수 없음을

때로는 자신의 소심함이 자신의 적일 수도 있다.
그렇다고 무위한 용기에 자신을 맡기라는 뜻은 아니다.
그러나 기회가 왔을 때 꿈을 위해 결단하는 용기는
누구에게나 있는 용기가 아니다.

진정한 힘은 질서와 정의 안에서 행하는 땀이다.

각인의 아픔이 같을 수 없고 각인의 눈물이 같을 수 없다.
그러나 우리는 그안에서 성장하며 삶의 깊은 곳을 보기 시
작한다.

긍정의 언어만큼 위대한 자산도 없다.
언어는 삶을 이끌어 가는 힘이기 때문이다.

자기 이름이 욕되지 않게 하기 위하여 흘리는 땀은
타인에게도 도움이 된다.

# 돌아보는 여정

허다한 밟힘 속에서도 나를 지키노라 울었다.

한번쯤 머리를 들고 싶어도 그간의 인내에 상처를 주기 싫어서였다. 더불어 웃어주는 이 없는 삶-그 안에서 나를 지키는 삶은 슬펐다.

그러나 그 안에서 꿈을 이루노라 쏟는 땀은 나를 지키는 힘이었다.

때로는 한 교실에서 함께 배우던 자도 나를 두고 넋을 잃은 자라 하여 말없이 등을 돌리고 가도 그 아픔 까지도 이길 힘을 주신 주님의 사랑은 잊을 수 없다.

그러나 내 삶의 여정 어디인가에 조그마한 꽃밭을 가꾸었다는 자부심은 나를 기쁘게 한다.

그리고 때로는 사랑과 함께 목을 축여준 여인의 사랑 잊을 수 없다.

보고싶음이 눈물 같아도 천국에서의 소망이 있기에 기쁘다.

지금까지의 삶-동산에 한 그루의 나무를 심은 느낌이어도 열매 있는 삶이라 믿어져 기쁘다.

여기까지 오는 동안 기도를 멈춤이 없도록 지켜주신 주님의 사랑에 감사하며 가야할 본향에의 소망이 오늘도 꽃으로 향기로여서 기쁘지 않을 수 없다.

# 새 출발

날개 잃은 새처럼
한하고
터널에 갇힌듯한
아픔이었다

아들아 가자

주님의 손 잡고
다시 나서는 삶

지평에 솟는
해를 보며
나 웃는다